AF262317

L 41
b
1636

# AU PEUPLE SOUVERAIN,

## CHOUDIEU,

### L'UN DE SES REPRÉSENTANS.

S'IL ne s'agissoit que de repousser des injures personnelles, je garderois le silence du mépris : un ami de la liberté doit savoir faire jusqu'au sacrifice de l'amour-propre, quand l'intérêt public n'entre pour rien dans les discussions particulières ; mais des motifs plus puissans et plus dignes d'un mandataire du peuple, me forcent à élever la voix, et appellent en ce moment l'attention des bons citoyens. C'est pour ceux-là que j'écris ; les autres auroient tort de me lire ; je ne réclame pas même leur attention.

Des hommes connus par leur immoralité, et plus encore par l'instabilité de leurs principes, n'ont que trop réussi à donner à l'opinion publique une fausse direction : les attaquer au milieu de leurs prétendus triomphes, est peut-être une entreprise délicate et même dangereuse ; mais se taire est une lâcheté : ne pas les con-

A.

fondre est un crime, quand on peut opposer à leurs efforts liberticides le courage austère d'un républicain, et les armes de la vérité, devant laquelle tous les masques doivent tomber.

Citoyens, qui avez suivi constamment la marche de la révolution, et qui avez consacré votre existence au triomphe de la liberté et de l'égalité, gardez-vous bien de croire que je veuille faire ici le procès à ceux qui ont servi la cause du peuple : il est parmi eux de lâches déserteurs ; mais ce qui fut utile dans un tems, ne peut jamais devenir un crime dans un autre, et personne n'est plus convaincu que moi, qu'on est bien prêt de rétrograder en révolution, quand on commence à regarder en arrière. J'ai donc voulu seulement faire connoître le degré de confiance que peuvent mériter des hommes dont les opinions ont changé suivant les circonstances. Je ne provoque contre eux d'autre peine que le mépris public.

Comparez et prononcez.

*Correspondance officielle d'André Dumont, insérée dans les Bulletins de la Convention nationale.*

*Bulletin du 22 septembre 1793.*

Amiens, le 20 septembre 1793.

Tous les jours se déchire le voile affreux des complots liberticides ; mais tous les jours aussi l'aristocratie a une leçon. Il existe en ce pays trois choses qui font trembler les traîtres ; les voici : *le tribunal revolutionnaire, la guillotine et le maratiste Dumont....* Votre décret révolutionnaire *du 17 ( septembre )* consterne les ennemis de la chose publique, et fait triompher les sans-culottes.

*Signé*, DUMONT.

### Bulletin *du 9 septembre 1793.*

Soixante-quatre prêtres insermentés vivoient ensemble dans une superbe maison nationale. Je les ai fait *lier deux à deux* ; je les ai fait traverser ainsi la ville, pour les enfermer en une maison d'arrêt. Cette nouvelle espèce de monstres qu'on n'avoit pas encore exposé à la risée du peuple, a produit ici un bon effet. Les cris de vive la république, retentissoient à côté de ce *troupeau de bêtes noires.* Indiquez-moi la destination que je dois donner à ces *cinq douzaines d'animaux,* que j'ai fait exposer à la risée publique. C'étoient *des comédiens* de garde qui étoient chargés de l'escorte.

*Signé*, DUMONT.

### Bulletin *du 7 brumaire, an 2.*

*Nouvelle capture d'infâmes bigots :* des prêtres réfractaires vivoient dans des tas de foin, dans la ci-devant abbaye du Gard. Leurs barbes longues sembloient annoncer combien leur aristocratie étoit invétérée. *Ces bêtes noires,* ex-moines, ont été découvertes cachées, et ces monstres sont allés au cachot, *attendre le jugement.*

### Autre *inséreé au même Bulletin.*

On vous déposera des médailles d'or, sur lesquelles est gravée la figure de *Louis le raccourci* ; quoique ce monstre n'ait rien valu, c'est sur l'or que sa stupide figure a été gravée... Pour tuer le fanatisme, je viens de requérir *l'arrestation des prêtres*, qui se permettoient de célébrer des *fêtes* et des *dimanches*. Je fais disparoître les croix et les crucifix : bientôt je comprendrai *dans la proscription*, les animaux noirs appellés prêtres.... J'ai dissous hier la société populaire, et nommé un comité secret d'épuration, &c.

*Signé*, Dumont.

*Bulletin du* 3 *octobre* 1793.

Montreuil-sur-Mer, 29 septembre.

Arrivé à Boulogne, à dix heures du soir, les membres du comité secret vinrent m'annoncer que l'aristocratie étouffoit le patriotisme dans leur ville, que les étrangers y abondoient, qu'on désarmoit les campagnes. Je requiers la clôture des portes de la ville, je la fais éclairer pendant la nuit, je fais prendre les armes et annoncer au son du tambour, que j'ai donné l'ordre de *tirer sur ceux des citoyens* qui, au mépris de ma défense, voudroient s'échapper... Je haranguai le peuple..... Je n'entends plus autour de moi, que les cris de *vive la convention, vive la montagne, vivent les jacobins.*

*Signé*, Dumont.

*Bulletin du* 14 *vendemiaire.*

Abbeville premier octobre.

Je vous marquois, il y a deux jours, la criminelle gestion des administrateurs et des municipaux de Boulogne. Je vous en dis autant de ceux de Montreuil. J'ai usé dans cette ville de *mon excellent remède*, et j'ai eu le doux

( 5 )

avantage d'entendre, comme à Boulogne, les cris répétés de *vive la montagne. Quarante quatre charettes* ont amené devant moi les personnes que j'ai fait arrêter par le comité de surveillance, conformément à la loi. Environné *des décombres* des administrations que j'avois suspendues, aux acclamations du peuple, j'ai reçu des sans-culottes en masse *le nom des remplaçans.* *Signe* DUMONT.

*Bulletin du 22 vendemiaire, an 2.*

Péronne, 9 octobre.

J'avois gardé la ville de Péronne pour la bonne bouche, croyant que mon collègue Delbret l'avoit électrisée, et que les citoyens étoient à la hauteur de la révolution. Mais hélas! quelle fut ma surprise de trouver un second Coblentz!.. Après avoir envain cherché à dégeler la glace, que je voyois par-tout, j'annonçai alors que s'il falloit, j'aurois recours à des *moyens violens* Les sans-culottes n'osoient desserrer les dents : les muscadins seuls vouloient faire contenance ; je leur dis alors que *la torche à la main, le poignard dans l'autre*, je forcerois bientôt les ennemis de la révolution à abandonner leurs projets.

Le lendemain matin , après avoir fait arrêter *une centaine* de mauvais sujets, j'assemblai de nouveau le peuple. Pour cette fois, je n'avois autour de moi que des sans-culottes ; votre ville, leur dis-je , *va être declaree en etat de rebellion*, si à l'instant même on ne me dénonce tous les traîtres, et si on ne les arrête...... J'avois parlé, et alors les plus vifs applaudissemens, et les cris de *vive la montagne ,*

périssent les modérés et les feuillans, m'avoient
prouvé que les esprits étoient changés.

Signé, DUMONT.

*Bulletin du 21 frimaire, an 2.*

Amiens, 8 frimaire.

Des étrangers cherchoient ici à fomenter le
trouble. J'ai tendu mon large filet , et j'y prends
tout *mon gibier à guillotine.* Patience , ça ira, les
scélérats ne s'attendoient pas à être encagés ; ils
vouloient frayer un chemin aux rebelles , mais
ils ne leur fraieront que celui de la mort.

Signé, DUMONT.

*Bulletin du 11 germinal , an 2.*

Amiens, 8 germinal.

*La mort des conjurés* réjouit tous les patriotes.
Cet acte de justice nationale a donné lieu à une
*fête républicaine.* La respectable sans-culotterie
assista joyeusement à cette fête... Un nouveau
scélérat que j'ai envoyé au tribunal criminel du
département de l'Oise, auquel j'ai attribué la con-
noissance du procès , a été exécuté , il y a quelques jours. Périssent ainsi tous les traîtres , et
vive la république ! Signé, DUMONT.

*Bulletin du 24 ventôse , an 2.*

Amiens, 21 ventôse.

D'infâmes journalistes ont osé parler d'insur-
rection , dans un moment où nos nobles et nos
prêtres fanatiques sont *incarcérés* ; dans un
moment où les égoïstes et les intrigans son

sous le glaive de la loi. Soyez tranquilles, le département de l'Oise chérit la révolution.... De l'énergie, et *l'heure de la mort* de tous les traîtres frappe...          *Signé*, DUMONT.

Il est donc enfin déchiré le voile que jusqu'à ce jour on avoit à peine osé soulever ! Les voilà donc ces hommes, dont les satellites font depuis quelque tems la guerre aux morts, avec tant de succès ! *Maratistes avant le 9 thermidor*, ils sembloient alors ne reconnoître de véritables patriotes que *la montagne et les jacobins*. A les entendre, le patriotisme appartenoit exclusivement à ceux qu'ils proscrivent aujourd'hui : la *torche* d'une main et le *poignard* dans l'autre, ils poursuivoient sans miséricorde *prêtres*, *nobles*, *étrangers et muscadins*. Faire la chasse à ce qu'ils appelloient *la bête noire*, ordonner *de faire feu sur les citoyens*, qui refusoient de se soumettre à leurs ordres, n'étoit qu'un jeu pour eux. *Sans tribunal révolutionnaire*, *sans guillotine et sans le culte de Marat*, il n'étoit point de liberté. *Le décret du* 17 *septembre*, qu'ils ont mis les premiers en activité, et contre lequel ils déclament maintenant avec tant de force, étoit, à leur avis, la loi par excellence, et les bastilles n'étoient pas assez grandes pour son exécution ; tout ce qui ne pensoit pas comme eux, ( suivant leurs dégoûtantes expressions ) étoit devenu *un gibier à guillotine*. Le jour où le sang couloit sur les échafauds, étoit pour eux un jour de fête. Enfin, *quarante-quatre charettées* de victimes, étoient trop peu pour *la justice d'un seul jour*.

( 8 )

Et cependant André Dumont ; en combattant la proposition que javais faite, d'imprimer toutes les pièces trouvées chez Robespierre, afin de connoître ses véritables complices, disoit avec assurance le 29 pluviôse : » je n'ai jamais » fait verser de sang, et celui qui m'a précédé » à cette tribune n'en pourroit pas dire au- » tant. «

Non sans doute on ne me verra point, comme André Dumont, chercher à faire ma paix avec les hommes auxquels j'ai déclaré une haîne éternelle. Je n'ai pas ignoré qu'en signant leur proscription, je prononçois en même-tems mon arrêt de mort, si jamais le royalisme pouvoit triompher : mais l'honneur est encore plus cher que la vie, et je n'encenserai jamais les idoles que j'ai brisées, parce que je ne sais point composer avec la tyrannie ni avec les principes. J'ai vu répandre le sang des traîtres le 10 août : j'y ai peut-être contribué par mes efforts, et certes je n'étois pas caché ce jour-là. J'ai proclamé, le 21 septembre, la république une et démocratique, et je suis prêt à mourir pour la défendre. J'ai fait tomber, le 21 janvier, la tête du tyran des français, et je voterois encore, si l'occasion s'en présentoit de nouveau, la mort de tous les tyrans de mon pays. J'ai marché sur les débris des armées anglaises et autrichiennes, à la conquête de la Belgique et de la Hollande. J'ai partagé pendant deux années à l'Ouest et au Nord, les dangers et la gloire de la jeunesse républicaine, qui combat les vivans sur les frontières, et non des ombres. Si ce sont là des crimes, mon procès est tout fait, car je les confesse tous.

Il est pénible d'être contraint à parler de soi ; mais comme la défense est de droit naturel, je répondrai à toutes les calomnies par un seul fait. J'ai été investi pendant deux années de pouvoirs illimités, aux armées et dans l'intérieur. Je les ai exercés dans mon propre département, où les horreurs de la guerre civile avoient armé les parens même les uns contre les autres, et où les haînes et les vengeances particulières pouvoient aisément se mettre à la place de la justice : j'ai organisé les premiers comités révolutionnaires qui ayent existé en France : j'ai, par conséquent, donné la première impulsion au gouvernement révolutionnaire, et je défie mes nombreux ennemis de citer un seul individu qui ait été incarcéré par mes ordres : je les défie de nommer un seul homme que j'aie accusé ou fait arrêter pour le faire monter à l'échafaud et traduire au tribunal révolutionnaire ; je les défie, enfin, de désigner un seul lieu dans la république où j'aye fait répandre une seule goutte de sang.

Je te somme, toi particulièrement, André Dumont, de les désigner, si tu en connois ; et si tu ne le fais pas, je te signale à toute la France comme un lâche calomniateur.

Il me reste à repousser une autre calomnie, que des libellistes, vendus, suivant l'usage, au parti qui peut faciliter le débit de leurs feuilles, ont cherché à accréditer. *Philippeaux fut, dit-on, assassiné, et son sang crie vengeance.* Je ne remuerai point la cendre des morts, et j'examinerai encore moins s'ils ont mérité leur sort ; mais puisqu'on s'acharne à me rendre responsable d'événemens auxquels je suis étranger, il faut enfin que les amis de la vérité sachent que j'étois depuis plusieurs mois à l'armée du Nord, occupé de sa réorganisation et de son approvisionnement en tout genre, lorsque Danton, Camille-des-Moulins et Philippeaux furent mis en jugement, et que je ne connois pas bien encore toutes les circonstances de leur procès. J'avois, à la vérité, trois mois auparavant, donné un démenti formel à Philippeaux, sur des faits qu'il avoit dénaturés, et que j'ai rétablis, parce que j'en avois été le témoin. J'ai usé d'un droit commun à tous les représentans du peuple, et la preuve que j'avois raison, c'est qu'on ne m'a encore répondu que par des injures. Mais j'étois à cette époque si éloigné de demander sa tête, que tout le monde peut se rappeller que je me bornai à demander qu'on lui fît préparer un logement aux petites maisons. J'étois convaincu alors, comme je le suis encore aujourd'hui, qu'il n'étoit que le mannequin d'une faction, qui ne s'est que trop fait connoître depuis, et qui voudroit se relever sur les débris de celle de Robespierre, en faisant cause commune avec tous les ennemis de la république.

Mais vous tous qui proclamez maintenant la justice, avec tant de courage, lorsque les dangers sont passés, et qui portez Philippeaux au Panthéon, pour y placer ensuite votre véritable chef, quels reproches n'avez-vous donc pas à vous faire, si vous étiez convaincus, comme vous le dites, de son innocence, vous qui l'avez mis en avant, et qui n'avez osé le défendre? Ne pourroit-on pas dire, avec bien plus de raison, qu'il a été assassiné par votre lâcheté.

Pour moi, j'ai eu le courage de proclamer la vérité dans des tems orageux, comme je la proclame encore en ce moment : j'ai rempli mes devoirs, et vous avez trahi tous les vôtres, et votre propre conscience, puisque vous n'avez élevé la voix qu'au moment où vous vous êtes cru assez forts pour étouffer celle des véritables amis de la liberté et de l'égalité.

Citoyens, il est encore des hommes qui auront le courage de dire la vérité, et qui la diront sans fiel et sans amertume. Au milieu des intrigues et des factions qui se renouvellent sans cesse, vous les reconnoîtrez à la simplicité de leur langage et de leurs mœurs, ou plutôt vous les avez déjà jugés par leurs actions. Vous n'avez pas encore oublié que ceux qu'on persécute en ce moment, ont combattu avec vous les tyrans de toutes les espèces, et qu'à toutes les époques de la révolution, ils ont été en butte aux calomnies les plus atroces. Qu'inébranlables dans les principes qu'ils ont constamment défendu, ils n'ont jamais eu de liaisons qu'avec ceux qui ont cru et qui croyent encore à l'égalité. Nés parmi le peuple, ils n'ont recherché ni pour eux, ni pour leur famille, l'alliance des ci-devant marquis et des ci-devant comtesses, encore moins la fortune ; ils n'auroient pu le faire sans déshonneur. Ils n'ont accepté les faveurs ni de l'ancien, ni du nouveau gouvernement. Accoutumés à vivre dans une honorable médiocrité, ils n'ont point changé, pour des lambris dorés, l'humble toît de leurs pères. Ils ne vont point dans les coulisses de l'opéra ou du théâtre français, disputer les conquêtes du ci-devant comte d'Artois ou des autres aimables de la cour. Ils n'insultent point à la misère publique par un faste insolent : leurs compagnes modestes n'affichent point sur des chars élégants, ou dans les lieux publics , le luxe et l'impudeur des anciennes femmes du château des Tuileries. Enfin , d'autres pourroient ajouter quelques traits à ce tableau , qu'un sentiment d'indignation a rapidement tracé , et dans lequel plus d'un personnage d'importance pourra se reconnoître ou être reconnu ; mais j'en ai trop dit pour ceux qui ne veulent rien entendre : j'en ai dit assez pour ceux qui aiment la vérité et qui veulent la république , une indivisible et démocratique.

P. CHOUDIEU.

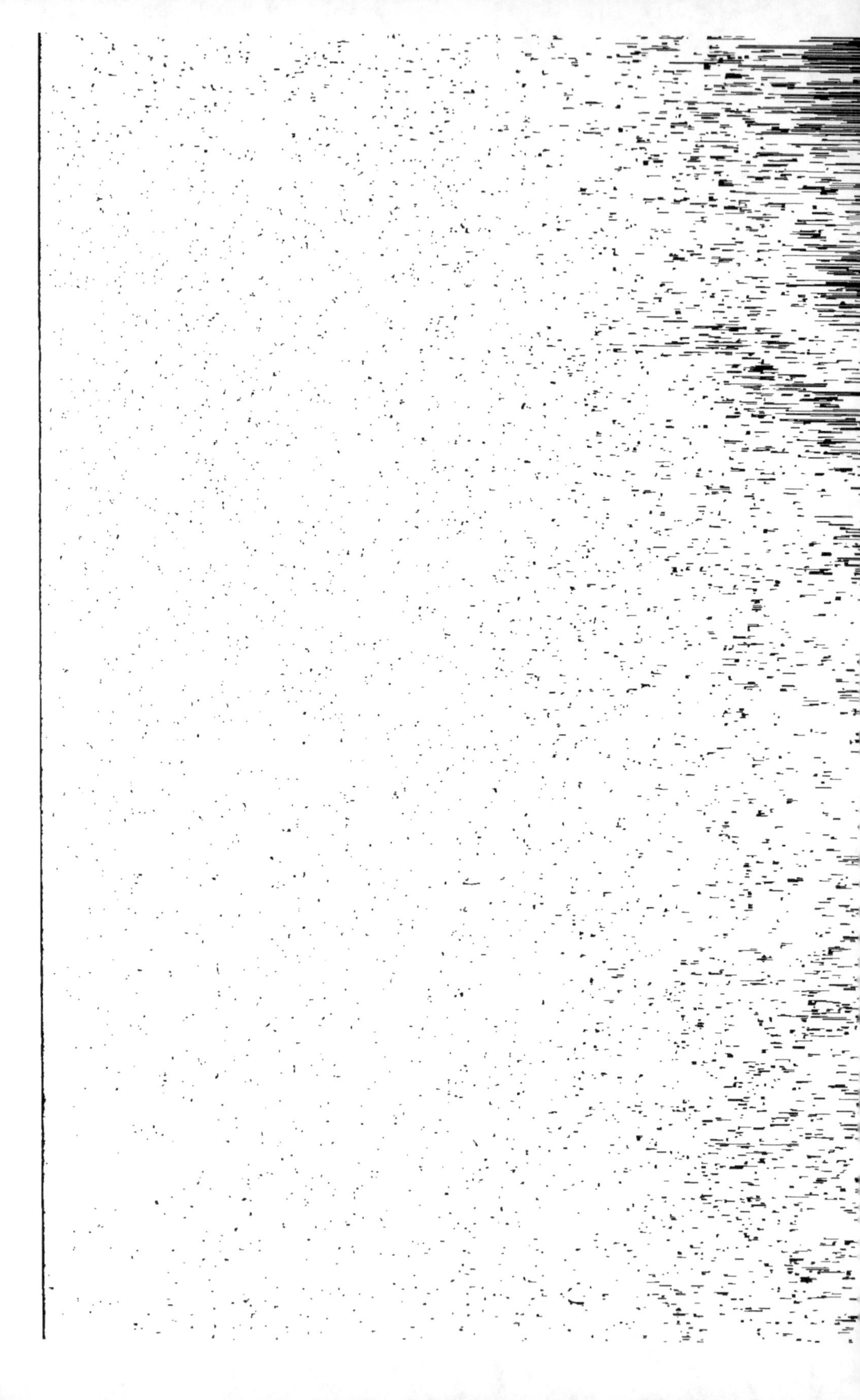

9 782013 455350